# LOS DINOSAURIOS GIGANTES

por **ERNA ROWE**   ilustraciones de **MERLE SMITH**
**Traducido al español por Argentina Palacios**

SCHOLASTIC INC.
New York Toronto London Auckland Sydney

ISBN 0-590-40647-7

12  11  10  9  8  7  6  5  4  3  2                                   8  9/8  0/9

Printed in the U.S.A.                                                            08

A Wayne, John, Tommy, Gordon y Ambrozio,

quienes querían saber más acerca de los dinosaurios,

especialmente los grandes.

Los dinosaurios eran gigantes que vivieron hace muchísimo tiempo.

Hubo muchas clases de dinosaurios gigantes.

# El trácodon

El trácodon era tan grande como una casa.

Tenía un pico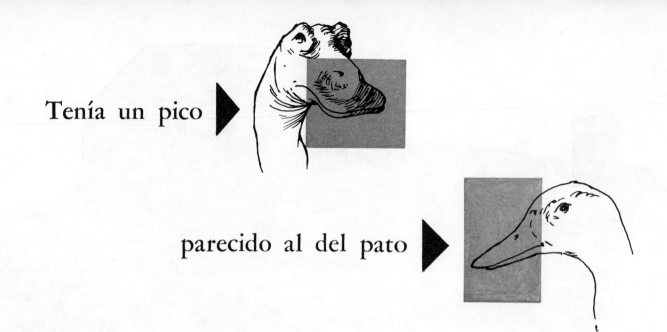

parecido al del pato

y por eso también se le llama PICO DE PATO.

Éste era herbívoro. Comía plantas.

¡El trácodon tenía 2,000 dientes!

# El apatosauro

El apatosauro estaba
conocido por el
nombre brontosauro,
o "lagarto del trueno."
Cuando caminaba,
se oía un sonido
como de trueno.
Éste también era herbívoro.

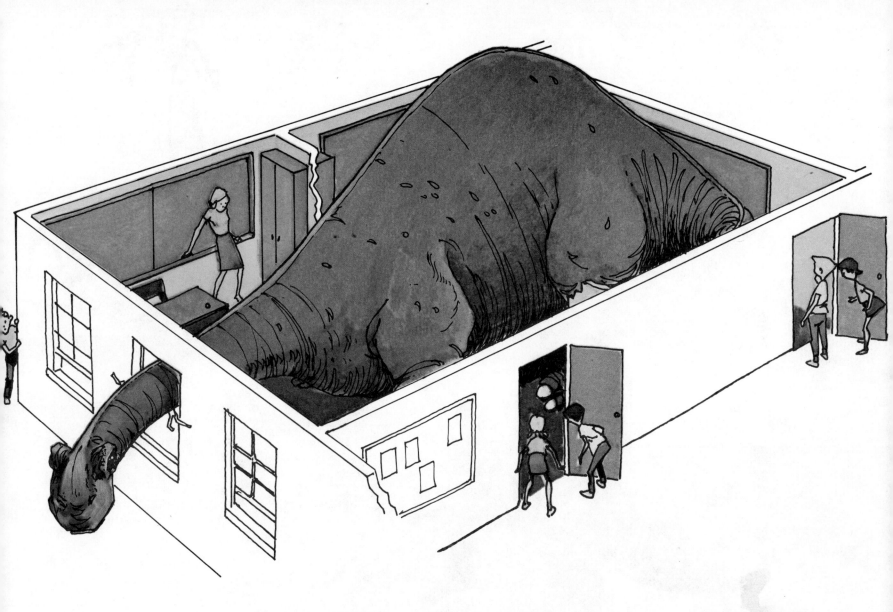

El apatosauro era tan grande como dos salas de clase.

# El braquiosauro

vivía en el agua.

Éste pesaba más que todos los otros dinosaurios.

¡Pesaba tanto como diez elefantes!

# El diplodoco

era tan largo como cinco o seis carros.

Éste era el dinosaurio MÁS LARGO de todos los dinosaurios

que vivieron en la tierra.

# El tiranosauro

podía correr muy rápidamente.

Era tan alto como un poste
de teléfono.

Éste era el rey
de los dinosaurios.

El tiranosauro era carnívoro.
Atacaba a los herbívoros.

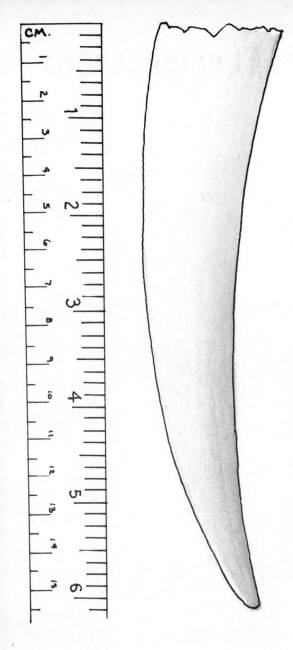

Era muy feroz.

¡Tenía dientes largos y afilados!

# El estegosauro

era herbívoro.

Las placas que tenía en el lomo
y las púas que tenía en la cola lo ayudaban
a protegerse de los carnívoros.

¡El estegosauro podría caber en la sala de una casa!
Éste era más pequeño que los otros dinosaurios gigantes.

# El tricératops

también era herbívoro.

Tenía dos cuernos afilados en la cabeza y otro en la nariz.

¿Se atrevería un carnívoro a atacar al tricératops?

Los bebés dinosaurios nacían de huevos.

Muchos millones de años después, se han encontrado algunos de estos huevos. Se han convertido en piedra.

Los dinosaurios dejaron huellas enormes en el lodo.
Algunas son tan largas como tu brazo.
Muchísimo tiempo después, el lodo se endureció
y se convirtió en piedra. Hoy día se pueden ver
huellas de dinosaurios en los museos.

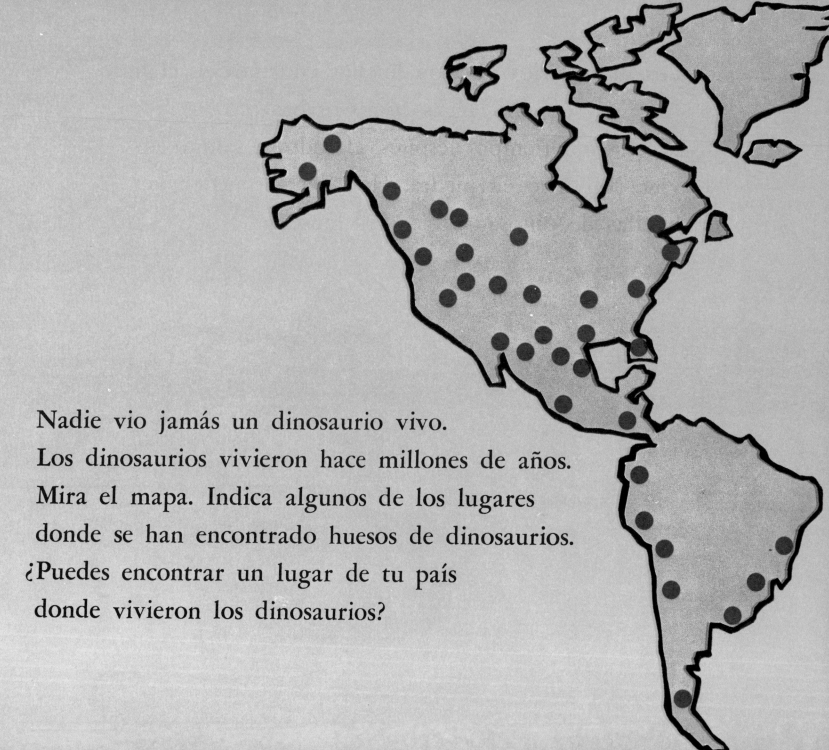

Nadie vio jamás un dinosaurio vivo.

Los dinosaurios vivieron hace millones de años.

Mira el mapa. Indica algunos de los lugares

donde se han encontrado huesos de dinosaurios.

¿Puedes encontrar un lugar de tu país

donde vivieron los dinosaurios?

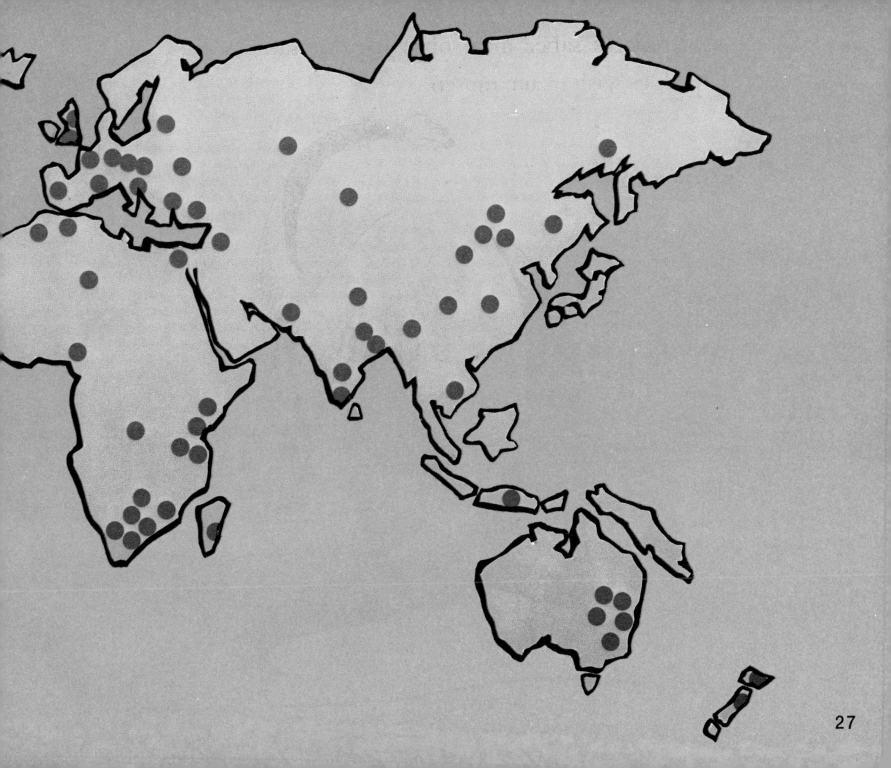

Si quieres saber más sobre los dinosaurios,
puedes visitar un museo.

Aquí se ve el esqueleto de un apatosauro en un museo.

Te hará sentir pequeñito.

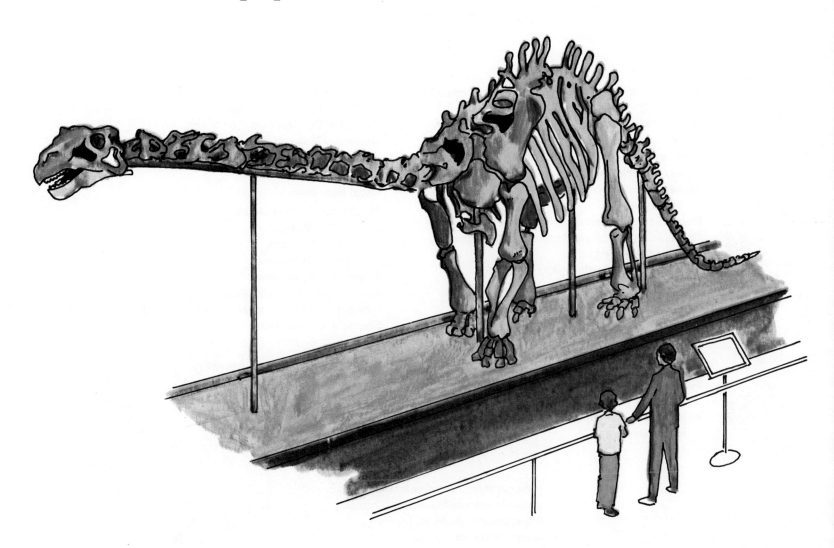

Muchos museos tienen dinosaurios en exhibición.
Puedes ver algunos en estos museos:

### UNITED STATES
**The American Museum of Natural History,** New York City, NY.
**United States Natural History Museum,** Smithsonian Institution, Washington, D.C.
**Peabody Museum of Natural History,** Yale University, New Haven, CT.
**Carnegie Museum of the Natural Sciences,** Pittsburgh, PA.
**Field Museum of Natural History,** Chicago, IL.
**The Academy of Natural Sciences of Philadelphia,** Philadelphia, PA.
**Pratt Museum of Geology,** Amherst College, Amherst, MA.
**Museum of Paleontology,** University of Michigan, Ann Arbor, MI.
**University of Nebraska Museum,** Lincoln, NE.
**Geological Museum of Utah,** University of Utah, Salt Lake City, UT.
**Museum of Comparative Zoology,** Harvard University, Cambridge, MA.
**Museum of Paleontology,** University of California, Berkeley, CA.

### UNITED KINGDOM
**Natural History Museum,** London.
**Geological Museum,** London.
**Royal Scottish Museum,** Edinburgh.
**University Museum,** Oxford.
**Sedgewick Museum,** Cambridge.

**Local museums:**

Birmingham, **City Museum.**
Bristol, **City Museum.**
Leeds, **City Museum.**
Leicester, **City Museum.**
Liverpool, **City Museum.**
Manchester, **University Museum.**
Newcastle, **Hancock Museum,** Newcastle University.
Sheffield, **City Museum.**

### AUSTRALIA
**Australian Museum,** Sydney.
**Queensland Museum,** Brisbane.
**South Australian Museum,** Adelaide.
**West Australian Museum,** Perth.

### CANADA
**National Museum of Canada,** Ottawa.
**McGill University Museum,** Montreal.
**Royal Ontario Museum,** Toronto.
**History Museum,** Regina.

Unos dinosaurios eran pequeños. Pero todos los dinosaurios de este libro eran GIGANTES. Este cuadro muestra el tamaño de todos los dinosaurios de este libro.

APATOSAURO

BRAQUIOSAURO

ESTEGOSAURO

DIPLODOCO

TRICÉRATOPS

TIRANOSAURO

TRÁCODON

Pies 10 20 30 40 50 60 70 80 90 100

Metros 10 20 30

31